PLACIDO
DOMINGO
POR AMOR

PLACIDO
DOMINGO
POR AMOR

Wise Publications
London / New York / Paris / Sydney / Copenhagen / Madrid

Exclusive Distributors:
Music Sales Limited
8/9 Frith Street, London W1V 5TZ, England.
Music Sales Pty Limited
120 Rothschild Avenue, Rosebery, NSW 2018, Australia.

Order No. AM954481
ISBN 0-7119-7258-3
This book © Copyright 1998 by Wise Publications.

Music arranged by Jack Long and Derek Jones.
Music processed by Paul Ewers Music Design.
Printed in the United Kingdom by Redwood Books Limited, Trowbridge, Wiltshire.

Your Guarantee of Quality:
As publishers, we strive to produce every book to the highest commercial standards.
The music has been freshly engraved and, whilst endeavouring to retain the original running
order of the recorded album, the book has been carefully designed to minimise awkward
page turns and to make playing from it a real pleasure.
Particular care has been given to specifying acid-free, neutral-sized paper made from pulps
which have not been elemental chlorine bleached.
This pulp is from farmed sustainable forests and was produced with special regard for the environment.
Throughout, the printing and binding have been planned to ensure a sturdy, attractive publication
which should give years of enjoyment.
If your copy fails to meet our high standards, please inform us and we will gladly replace it.

Music Sales' complete catalogue describes thousands of titles and
is available in full colour sections by subject, direct from Music Sales Limited.
Please state your areas of interest and send a cheque/postal order for £1.50 for postage to:
Music Sales Limited, Newmarket Road, Bury St. Edmunds, Suffolk IP33 3YB.

Visit the Internet Music Shop at http://www.musicsales.co.uk

MUJER

Words & Music by Agustin Lara

-en- es el ve - ne - no___ que fa - sci - na   en   tu mi - rar,___

mu - jer,   a - la - bas - tri -

- na   er - es vi - bra - ci - ón de___ so - na -

-ti - na   pa - si - o - nal.___

Tien - es el per - fu - me de un na - ran - - jo en flor____
*(2° instrumental till *)*

el al - ti - vo por - te____ de un na ma - je -

- stad.____ Sa - bes____ de los fil - tros____

que hay en el a - mor____

Solamente Una Vez

Words & Music by Agustin Lara

-ran - za que al-um-bra el ca - mi - no de mi so - le - dad.

2. So - la - men - te u - na co - ra - zón.

Una vez___ nada más en mi huer - to bri - lló___ la es - pe - ran - za, la es - pe - ran - za que al - um - bra el ca - mi - no de mi so - le - dad.___ 3. So - la - men - te u - na

14

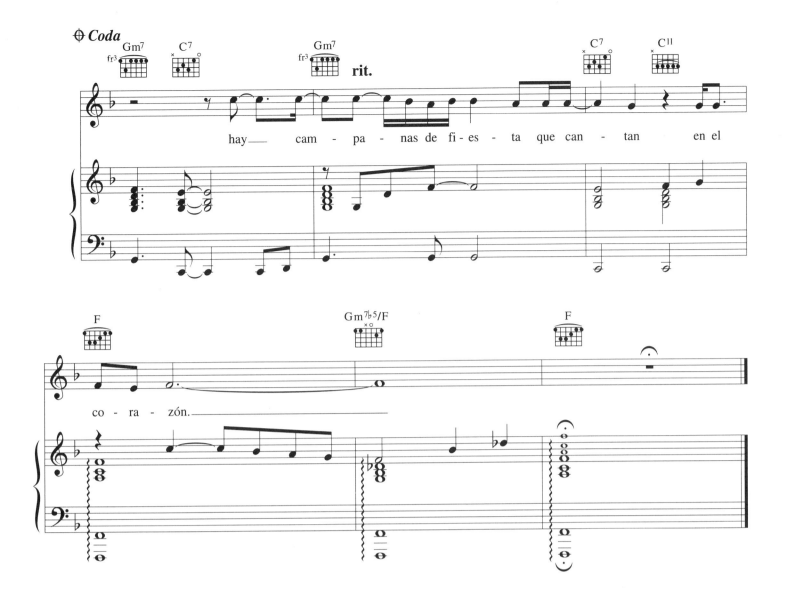

hay —— cam - pa - nas de fi - es - ta que can - tan en el

co - ra - zón. —————————————

Verse 2:
Solamente una vez
Se entrega el alma
Con la dulce y total
Renunciación.

Y cuando ese milagro realiza
El prodigio de amarse
Hay campanas de fiesta que cantan
En el corazón.

Verse 3:
Solamente una vez
Se entrega el alma
Con la dulce y total
Renunciación.

Y cuando ese milagro realiza
El prodiglo de amarse
Hay campanas de fiesta que cantan
En el corazón.

GUITARRA GUAJIRA

Words & Music by Agustin Lara

D.%.(with repeats)

SEGUE into Palmera

Verse 2:
Otra vez robé a los lagos
La claridad de sus aguas
Otra vez robé a los lagos
La claridad de sus aguas.

Se la regalé a tus ojos
Pero tú no me mirabas.
Se la regalé a tus ojos
Pero tú no me mirabas.

19

PALMERA

Words & Music by Agustin Lara

Hay _____ en tus oj - os el ____ ver - de es - mer-

-al - da que bro - ta del ____ mar ____

y en _____ tu bo - qui - ta la ___ san - gre mar -

- chi - ta que tie - ne el cor - al. _____

En _____ la ca - den - ci - a de tu voz di -

- vi - na la ri - ma de a - mor _____

y en_____ tus o - jer - as se ven las pal -

1.

- mer - as bor - ra - chas de sol.

2.

sol._____

Trumpet solo

En _____ la ca - den - ci - a de tu voz di -

-vi - na   la   ri - ma   de   a - mor_____

y   en_____   tus   o - jer - as   se   ven   las   pal -

-mer - as   bor - ra - chas   de   sol._____

Noche De Ronda

Words & Music by Maria Theresa Lara

-sti - ma___ mi co - ra - zón. Lu - na que se qui-

-eb - ra so - bre la ti - ni - eb - la de mi so - le - dad

a dón - - de vas.

Di - me si es - ta no - che, tú te vas de ron - da co - mo el-

ron - das ___ no son buen - as que ha - cen

da - ño que dan pe - nas que se a-

- ca - ba por ___ llor - ar.

Noche Criolla

Words & Music by Agustin Lara

la os-cu-ri - dad.

No - che _____ tro-pi - cal, _____

lán - gui-da _____ y sen-su-al _____

no-che que se des-ma - ya so-bre la a-re - na _____

mien - tras can - ta la pla - ya___ su in - ú - til___ pe - na.___

No - che___ tro - pi - cal,___

ci - e - lo___ de ti - sú,___

tien - es la som - bra de un - a mi - ra - da

Maria Bonita

Words & Music by Agustin Lara

olas, lo co-lom-pi-a-ban _____ y

cuan-do yo te mi-ra-ba _____ lo di-go con sen-ti-

-mien-to mi pen-sa-mi-en-to me trai-ci-on-

-a-ba. _____   2. Te vi-da. _____

Verse 2:
Te dije muchas palabras
De esas bonitas
Con que se arrullan los corazones
Pidiendo que me quisieras
Que convirtieras
En realidades mis ilusiones.

La luna que nos miraba
Ya hacía un ratito
Se hizo un poquito desentendida
Y cuando la vi escondida
Me arrodillé pa' besarte
Y así entregarte toda mi vida.

Verse 3:
Amores habrás tenido
Muchos amores
María bonita, María del alma
Pero ninguno tan bueno
Ni tan honrado
Como el que hiciste que en mí brotara.

Lo traigo lleno de flores
Como una ofrenda
Para dejarlo bajo tus plantas
Recíbelo emocionada
Y júrame que no mientes
Porque te sientes idolatrada.

Te Quiero

Words & Music by Maria Theresa Lara

Me pre-gun-tas___ si te

 oj - - os se duer - men — en mi al - ma —

tus la - bi - os — per - fu - man — mi

ser. — Te qui - e - ro

co - mo a na - die qui - e - ro —

GRANADA

Words & Music by Agustin Lara

be-so tu bo-ca de gra-na ju-go-sa man-za - na__ que me hab-la de a-

-mor - - es.__ Gra - na -

2.

De ros-as de sua-ve__ fra-gan - ci-a que le di-er-an

mar - co a la Vir - gen Mo-re - na.__ Gra-

ros-as   de sua-ve___ fra-gan - ci-a   que le di-er-an   mar-co___ a la Vir - gen Mo-

-re - na._____ Gra-na - da,_____ tu tier-ra es -tá

lle - na de lind-as mu- jer-es,_____ e de san-gre y___ de sol.

ROSA

Words & Music by Agustin Lara

-te con tus re - cuer - dos mi co - ra - zón._____

_____ Ro - sa_____ de - slum -

- bran - - - te,_____ di - vi - na Ro - sa que in - cen -

- dío_____ mi a - mor,

Que en un in - stan - te mi al - - -

- ma _____ cau - ti - vó. _____ Ro - sa,

la más her - mo - sa, la

molto rit.

pri - mo - ro - sa flor que mi ser per - tu - mó. _____

Mi Rival

Words & Music by Maria Theresa Lara

ri - val de mi tris - te - za, mi pro - pia so - le - dad.   No

no quie - ro que te al - ej - es   que

Piú mosso ♩= 178

ya no vuel - vas más._____   Mi ri -

- val es mi pro - pio co - ra - zón   por trai - cio -

- ne - - - ro;_____   yo no

sé có - mo pue - do_a - bor - re - cer - te si tan - to te qui -

- er - - - o. No me_ex -

- pli - - - - - co por qué me_a - tor - men - ta_el ren -

- cor; yo no

sé _____ có - mo pue - do viv - ir sin tu_a -

- mor. _____ Mi ri -

- val es mi pro - pio co - ra - zón por trai - cio -

- ne - - ro; _____ yo no

sé   có - mo pue - do a - bor - re - cer - te   si tan - to te qui -

- er - - - - o._____   No me ex -

- pli - - - - - co por qué me a - tor - men - ta el ren -

- cor;_____ yo   no

Veracruz

Words & Music by Agustin Lara

Se Me Hizo Facil

Words & Music by Agustin Lara

-ria_____ a‿e - sa muj -

-er_____ a qui - en yo a - ma - ba tan -

- to_____ se me‿hi - zo

fá - cil_____ ar - ran - car_____ de_____ mí‿e - se

Piensa En Mi

Words & Music by Maria Theresa Lara

-en - es gan - as de llo - rar pien - sa en mí.   Ya ves___ que ve-

-ne - ro___ tu i - mag - en di - va - na   tu pár - vu - la

bo - ca que sien - do tan ni - ña me en - se - ñó a ___ pec - ar.   Pien - sa en

mí ___ cuan - do bes - es ___ cuan - do

Arrancame La Vida

Words & Music by Agustin Lara

La can - ción_____ que me pi - - des

te la voy a can - tar

la lle - va - ba en el al -

- ma

y te la voy a dar.

90

Palabras De Mujer

Words & Music by Agustin Lara

Pa - la - bras de mu - jer___ que yo es - cu - ché___ cer -

-ca de ti,____ jun - to de ti,____ muy que - do,

tan que-do co - mo nun - ca. Las quie - ro

re - pe - tir pa - ra que tú ig - ual que a-yer las dig - as sol - lo -

- zan - do pa - la-bras de mu - jer.____ Aun - que no

Farolito

Words & Music by Agustin Lara & Ned Washington

Fa - ro - li - to que al - umb - ras ap - en - as mi

sin lle - var - le más na - da que un be - so, frio len - to, tra - vi -

- es - o a - mar - go y dul - zón._____ Fa - ro -

- li - to que al - umb - ras ap - en - as mi cal - le des - ier - -

- ta,_____ cuán - tas noch - es me vis - te llor - an -

D.%. al Coda

Sin lle -

Coda

SEGUE into Arroyito

ARROYITO

Words & Music by Agustin Lara